Christine Würzer

Sinfonie der Worte

Christine Würzer

Sinfonie der Worte

TEBBERT

Die Deutsche Bibliothek - CIP-Einheitsaufnahme

Würzer, Christine:
Sinfonie der Worte /
Christine Würzer. - Münster/Westf. : Tebbert, 1999
ISBN 3-89738-135-4

ISBN 3-89738-135-4

Lektorat:
Printed in Germany 1999

Vorwort

Dieser Band "Sinfonie der Worte" ist all jenen gewidmet,
die sich davon faszinieren und helfen lassen.
Dieser Band ist für mich wie eine Geburt.
Lange weilten meine "Schätze" im Verborgenen.
Nur ein paar liebe Menschen haben davon zu lesen bekommen.
Aber nun weiß ich:
Es gibt noch ganz viele liebe Menschen, die so denken und fühlen wie ich,
Unter dem "sanften" Druck meiner Freundin Mariluise
können diese Menschen nun teilhaben an meinen Gedanken.
"Die Verse und Gedichte drängen an's Licht -
Sie sind geboren -" !
Allerdings war das nur mit der massiven Hilfe meiner
Freundin möglich.
Darum möchte ich mich im Namen aller Leser bei Ihr ganz herzlich bedanken!!
Danken möchte ich auch allen, die mir mit Rat und Tat zur Seite standen.
Ich wünsche allen Lesern, daß sie genau die richtigen Worte
im richtigen Moment finden,
- so wurden sie auch geschrieben !

Inhalt

Erkenntnis

Mein Weg führt mich nach nirgendwo,
weiß nicht woher, weiß nicht wohin,
ich weiß nur, daß “ich bin“,
Ich lebe jetzt im Augenblick -
und keiner gibt ihn mir zurück.
Ein kleines Ich im großen Sinn,
ich weiß nur, daß “ich bin“!
Ein Rädchen nur im Weltgetriebe
und doch voll Leben, voller Liebe.
Das Dasein ist mir stets Gewinn,
da ich weiß “ich bin“!

Ich bin:

Gott hilf mir sagen, was und wer ?
Wo geh ich hin, wo komm ich her ?
Viele Fragen stell ich mir,
und doch muß ich geduldig warten,
was mir das Leben bieten will,
mit Ruhe und mit Taten.
Ich nehm gelassen was es bringt,
wie ein Vogel, der auch im Regen singt.
Warum sollt' ich nicht fröhlich sein ?
Trübsinn bringt mir doch nichts ein.
Voll Optimismus geh' ich den Weg entlang,
vor Schwierigkeiten ist mir nicht bang.
als Christ will ich des Weges zieh'n,
dann wird mir auch gesagt : " Wohin " !

Am Anfang war der Weg,

Am Anfang war der Weg,
dann kam das Licht.
Was liegt dazwischen, wir wissen es nicht !
Der Mensch - klein wie ein Samenkorn
und groß wie ein Baum,
birgt alles in sich und weiß es kaum.
Er hat das Vertrauen verloren
zu Gott und der Welt,
hat seine Seele vergessen,
strebt nur nach Macht und Geld.
Erkenne Dich selbst - und Du erkennst Gott.
Vertraue auf Dich-du erhälst Kraft in jeder Not.
Sei lieb zu dir und zu den Ander'n,
es werden viele mit dir wandern !

Lebensphilosophie

Ein Bündel Gefühl - für diese Welt zuviel !
Klar und nüchtern soll man sein,
woran kann man sich dann noch freu'n ?
Ein Herz, das Liebe strahlt in die Welt,
ist doch vielmehr wert, als Materie und Geld.
Ein bißchen Rücksicht,mehr "Wir",
nicht "Ich" allein,
schon könnte es schöner im Leben sein !
Doch das Einfachste ist für die Meisten
zu schwer,
die Last wird getragen und wird immer mehr.
Wie einfach könnte es doch sein,
wenn wir die Lasten verteilen,
Freud und Leid tragen gemeinsam, zu zwein,
nur beginnen muß jeder allein !
- Nur so kann Freude und Frieden sein - !

Lebensphilosophie 2

Was gestern war, das ist vorbei,
was morgen kommt, ist einerlei.
Das Heute zählt, das jetzt und hier,
sei gut zu Allen, auch zu dir.
Sag ja zum Leben, tu dein Best' ',
dem Herrgott überlaß den Rest.
Es fügt sich alles wie es soll,
nimm an was kommt, ganz ohne Groll.
Zum Lernen bist du auf der Welt,
doch für den Geist, nicht für das Geld.
Hilf' bekommst du stets von oben,
doch denk' an's Danken und an's Loben.
Gehst voll Vertrauen du durch's Leben,
wird dir das Rechte stets gegeben.

Eingebung

Ich habe Rosen gepflanzt -
und Dornen geerntet.
Da wurde mir bewußt:
Ich selbst muß zur Rose werden,
will ich Rosen ernten.
Ich selbst muß Liebe sein,
will ich Liebe erhalten.
Was immer ich erhalten will -
zuerst muß ich es werden
und in die Welt senden.

Das Leben

Das Leben dreht sich stets im Kreis,
auch wenn du selbst nicht weiter weißt.
Es gibt kein Stillstand, keine Ruh',
nur in dir selbst findest sie du.
Vergeude keine Kraft mit Sorgen,
so manches löst sich selbst bis morgen.
Sollst du aus eig'ner Kraft dich regen,
bekommst du auch dazu den Segen.

Depression - Hoffnung

Tränendes Herz, wie tust du so weh,
liegst verborgen im Innern,
wie ein ruhender See.
Bist schwer wie ein Stein,
der liegt in der Brust,
nimmst mir die Freude,
nimmst mir die Lust.
Verdeckst mir die Sonne,
ich seh' nur noch Wolken.-
Doch ganz weit aus der Ferne,
da leuchtet ein Licht,
es leuchtet in's Herz
die Dunkelheit bricht.
Es wird mir klar, was die Dunkelheit war;
Ein ruhender Pol, ein Warten auf Morgen-
Die Gewissheit - in Gott bin ich geborgen !

Werden und Sterben

Ein Mensch wird geboren -
nackt und bloß aus Mutters Schoß.
Ein erster Klaps - ein erster Schrei -
 es ist vorbei.
Wo ist das warme, wohlige Gefühl -
 wo ist das Ziel ?
Er ist so hilflos und so klein
und leider oft auch sehr allein.
Er lernt sprechen,laufen, leben,
er lernt nehmen und auch geben.
Und plötzlich -
braucht er wieder Pflege und Halt,
denn er wird alt -
und wieder schwach und klein,
und sehr oft ist er auch allein.
Bis er zurückgeordert wird -
und endlich ist " daheim".

Das Kind

Wie ein Luftballon im Wind
ist das kleine Kind.
Es wird getragen und geschoben,
es fällt und wird gehoben.
Mal bleibt es hängen im Ast -
und macht kurz Rast.
Irgendwann zerplatzt der Ballon -
und damit die Illusion -
    ein Kind zu sein.
Es geht als Erwachsener auf den Wegen
und denkt:Jetzt ist alles gut, ist alles eben.
Doch in der Seele ist verankert der Ballon
mit der Illusion -
    ein Kind zu sein !

Erinnerung

Ein Abend, so schön wie es lange keiner war.
Die Stimmung so heiter, harmonisch und klar.
Zwei Menschen, in der Menge verschwindent
-
und doch zu zweit - allein.
Zwei Herzen, die sich finden
in Glück und Freude,
was kann schöner sein ?
Doch auch die schönsten Stunden vergeh'n,
aber Erinnerung und Gefühle bleiben besteh'n.
Auch der Reichste kann nicht kaufen,
was das Herz freiwillig verschenkt.
Manch Ärger würde vermieden,
wenn man rechtzeitig daran denkt !

Optimismus

Ohne Sorgen - Gottgeborgen
leb ich in dieser schönen Welt.
Freu' mich des Heut', denk nicht an morgen,
lebe, wie es mir gefällt.
Freu' mich des Sonnenstrahl's,
der mein Gemüt erhellt
und denke d'ran, daß dieser Sonnenstrahl
auch auf die Ander'n fällt.
Steh' ich dann nachts im Mondenschein -
und seh' die Sterne klar und rein,
wird mir so wohl und froh um's Herz,
vergessen sind nun Leid und Schmerz,
es kann ja alles gut nur sein !

Faszination

Ach, wie hat Gott die Welt so schön gemacht,
Er hat bestimmt sich was dabei gedacht !
Den Menschen hat er zugesellt,
damit die Welt er stets auf's Neu' bestellt.
Daß er die Wunder Gottes hegt und pflegt -
und nicht am eig'nen Aste sägt,
auf dem er sitzt und leben soll,
im Herzen Frieden und nicht Groll !
Wird alles so gemacht,
wie es der Herr gedacht,
dann bleibt die Welt so wunderschön -
und allen kann es gut nur geh'n !

Dumm und klein - bin ich allein,
doch klug und groß - in Gottes Schoß !

Der Weg

Der Weg ist das Ziel,
verlang nie zuviel -
weder von Dir, noch von den Ander'n.
Wir alle müssen wandern,
manchmal zu zwei'n - manchmal allein-
es muß halt so sein.
Genieße froh die schönen Stunden,
sie sind Balsam für unsere Wunden.
Frag nicht, was wird morgen sein,
der morgige Tag kommt von allein.
Was er uns bringt, wir werden seh'n,
vielleicht ein "Miteinander"-gehn !

Feststellung

Schnee im Oktober,
er schmilzt und vergeht.
Gefühle, sie kommen und gehen.
Nichts in der sichtbaren Welt bleibt besteh'n,
doch alles was war hat Bestand !
Was einst gewesen, wird wieder sein,
die Zukunft holt uns stets wieder ein.
Was ist ein Tag, was ist ein Jahr ?
Der Leib muß vergehen, die Seele bleibt da.
Was stirbt, wird geboren,
was geboren wird, muß sterben.
Was der Herrgott erschuf,
wird niemals verderben.
Sei nicht ängstlich und traurig,
bleib gelassen und still.
Lass geschehen, was sein muß,
weil's der Herrgott so will !

Abschied

Abschied, welch ein schweres Wort,
schön war das Beisammensein,
doch nun müßt ihr fort.
Doch gäbe es kein Wiederseh'n,
gäb' es kein Auseinandergeh'n.
So sage ich Adieu, good bye,
auf's Wiedersehen ich mich freu' !
Trennen uns auch viele Meilen,
die Gedanken werden bei uns weilen.
Adieu, ihr meine Lieben,
die schönen Stunden sind geblieben.

Freundschaft -1-

Freundschaft, welch ein schönes Wort,
man find't sie hier, man find't sie dort,
doch wo sie ernstlich sollt' besteh'n,
da sieht man sie vorübergeh'n.
Geteiltes Leid, geteilte Freud',
wird oftmals falsch verstanden,
bei Dir kann Leid - bei mir die Freude landen.
Leider denkt die Menschheit so,
und ist beglückt und froh,
wenn zwei in Freundschaft sind verbunden,
es wird als Wunder dann empfunden.
So ist g'rad in der heutigen Zeit
Freundschaft keine Kleinigkeit.
Dabei ist christlich denken -Freundschaft
schenken ein gar alter Brauch.

Schon Christus sprach, so stehts geschrieben;
Du sollst auch Deine Feinde lieben.
Fürwahr ist das 'ne harte Nuß,
wenn man es auffaßt nur als " Muß".

Wie schön, daß uns're Freundschaft hält,
so vieles gibt, was Ander'n fehlt.
So soll es auch in Zukunft sein,
nichts trübt die Freundschaft -
sie bleibt rein !

Freundschaft -2-

Freunde gibt's nicht allzuviel,
die Meisten treiben nur ein Spiel.
Weil sie so rar sind auf der Welt,
gibt's Freundschaft nicht für alles Geld.
Freundschaft gibt es nur geschenkt,
und Freunde hat,
wer dies bedenkt.
Doch eines, das ist ganz gewiß,
der beste Freund ist Jesus Christ !

———

Bekannte hat man stets genug,
doch wahre Freunde selten.
Gefühle sind oft nur Betrug,
doch wahre Freundschaft -
kommt von Herzen !

Ehe, Partnerschaft -1-

In guten wie in schlechten Tagen,
den Mensch an seiner Seit' ertragen,
den das Herz einst auserwählt,
den man liebt, was letztlich zählt.
Auch wenn die Sonne mal nicht scheint,
das Herz vor Einsamkeit mal weint.
Das Wissen; zueinandersteh'n,
den Weg doch miteinander geh'n -
das gibt den Mut, die Kraft -
und den Segen zum Leben !

———

Bleibt stets im Wissen und Vertauen
auf Gottes Führung,
Seinen Segen und Seiner Gnade
und Seiner allumfassenden Liebe.

Ehe, Partnerschaft -2-

Das Geheimnis einer guten Partnerschaft
ist das Wissen um seine inneren Werte,
um dessentwillen er geliebt und geschätzt
wird.
Es ist wichtig und gut,
auch in schweren Zeiten daran zu denken.

———-

Die Ehe ist für Beide Glück,
wenn jeder nur tut,
was den Ander'n entzückt.
Wenn jeder gibt,
und an den Ander'n denkt,
ist der Ausgleich da
und Beide sind beschenkt.

Liebe - Leidenschaft

Liebe, Geld und Leidenschaft,
sind große Gefühle,
hat man sie erstmal entdeckt,
steckt man in der Mühle.
Diese dreht sich langsam, aber stetig,
und von Glücksgefühl bleibt nur noch wenig.
Liebe ist Verzicht, Verstehen,
mehr zu geben als zu nehmen.
Leidenschaft erdrückt die Liebe,
Macht erstickt menschliche Gefühle.
Liebe wächst meistens im Stillen,
Geld und Leidenschaft will
Wünsche nur erfüllen.
Wer Sehnsucht kennt, möcht' manchmal schrei'n
und doch kann die Erfüllung nur
mit Geduld gedeih'n.

Schenk Deiner Seele Flügel

Schenk Deiner Seele Flügel,
dann wird das Leben leicht.
Schenk Deiner Seele Glanz,
dann hast Du viel erreicht.
Das Kostbarste auf Erden,
ist Deiner Seele Schein,
sie läßt Dich glücklich werden
und Freude für die Mitwelt sein.

Die Augen sind der
Spiegel der Seele !

Das schönste Lächeln nützt Dir
nichts mehr,
sind Deine Augen kalt und leer !

Vom Kerzenlicht erhellte Augen

Vom Kerzenlicht erhellten Augen,
dürfen wir in Wahrheit glauben.
Sie leuchten wie Sterne in der Nacht,
und zeigen, daß Gott uns das Licht gebracht.
Die Augen, vom Kerzenlicht erhellt,
zeigen, wie es um unser Herz ist bestellt.
Belüg Dich nie selbst, lebe ehrlich und rein,
die Augen sind der Seele Widerschein !

Über Vergangenes

Über Vergangenes mach Dir keine Sorgen,
dem Kommenden wende Dich zu.
Leb' das Heut', als gäbe es kein Morgen
und geh' alles an in Ruh' !
Dein Leben ist die Straße zum Ziel,
geh' sie mit Gottes Segen,
dann erreichst Du viel !

Lebenskünstler ist -
wer aus den gegebenen Situationen
das Beste macht
und sich dem steten Wandel anpaßt.

———-

Jammere nicht - tu' was !

———-

Gedanken sind ein Bumerang;
Man sendet sie aus- sie kommen zurück,
d'rum wünsch ich Dir viel Glück !!

Tue alles mit Bedacht,
den Rest hat Gott schon selbst gemacht .

———-

Ehrlichkeit ist die Grundbasis
jeglicher zwischenmenschlicher Beziehung .

———-

Sei weise und wachsam,
sonst geht das Leben an Dir vorbei.
Sei dankbar und liebenswert,
dann stehen Freunde Dir stets bei.

Vor dem Herrn stehen wir
einst allein da,
nur verantwortlich für uns selbst.
Darum sollten wir auch hier für uns selbst
lernen und leben,
Liebe und Licht aussenden,
niemand belehren wollen,
Da zu sein, wenn wir gebraucht werden,
das Beste aus jeder Situation machen
und keine negativen Gedanken aufkommen
lassen.

———

Ist der Himmel noch so schwarz vor Wolken-
dahinter scheint immer die Sonne,
sie verlöscht nie.

Solange Du auf Deine Seele hörst,
kann nichts passieren,
was nicht passieren soll !
(David 9 Jahre)

———

Der Mensch ist soviel wert,
wie seine Seele wert ist !

———

Schenk der Welt ein Lächeln,
Irgendwer lächelt bestimmt zurück !

Tränen sind "Seelenwäsche"
Lege ab und zu einen Waschtag ein !

——-

Nimm die Menschen wie sie sind,
Bessere haben wir nicht !

——-

Jeder Tag bringt jedem Einzelnen
genau die Sorgen und Freuden,
die er bewältigen kann
und aus denen er lernen kann.
Was immer wir uns dazu aufladen,
ist nicht im Sinne der Schöpfung !

Vertrauen heißt;
Wissen, daß alles zum Besten wird !

———-

Gute Gedanken, die aus ehrlichem Herzen
kommen,
sind kraftvoller als ein Gebet,
das aus eigenen Wünschen besteht !

———-

Was nicht zu ändern ist,
sollten wir als Lernprozess annehmen !

Es ist leichter, anderen zu verzeihen,
als sich selbst zu vergeben.

———-

Um das Leben meistern zu können,
dürfen wir uns nicht die Probleme
Anderer aufladen.

———-

Frei wie ein Vogel im Wind,
gefangen in der eigenen Faszination.
Mit jedem Flügelschlag höher zu Gott,
im Herzen das Bewußtsein,
Christus lebt, und ich mit ihm !

Der Mensch, er plant und hofft und denkt,
doch Christus uns ganz anders lenkt.
Vertrau Dich dieser Führung an,
auch wenn Du's nicht begreifen kannst .

———

Laß Andere tanzen, bleib ganz still,
wenn es der Herrgott mal so will.
'ne Ruhepause tut ganz gut,
bringt neue Kraft und neuen Mut.
Nutze die Zeit, die Dir gegeben,
denk manchmal nach über Dein Leben.
Doch grüble nicht,was wär nicht richtig,
nur das Heute ist jetzt wichtig !

Es ist vom Leben nicht gedacht,
daß Du Dir zuviel Sorgen machst.
Frohsinn, Glück und Lust am Leben,
ist Dir von Geburt an mitgegeben.
Plagt Dich Neid und Frust und Wut,
gib's einfach ab, dann geht's Dir gut.
Freu' Dich an jedem schönen Ding,
und sei's auch nur ein Schmetterling.

Ist das Leben noch so schwer,
und will es uns erdrücken,
kommt von fern ein Engelchen
und läßt in's Himmelreich uns blicken.

Mutter - Verse -1-

Mutter sein, das ist nicht leicht,
man stellt sich viele Fragen.
Wie mach ich's recht, wie soll es sein ?
und keiner kann's Dir sagen.
Jeder gibt Dir einen Rat,
befolgen tut ihn keiner.
Am Ende stehst Du ganz allein,
mußt Ratgeber und Helfer sein;
und die Verantwortung noch tragen.
Doch ist's das allerhöchste Glück,
wenn so ein Kindlein - ungeschickt,
Dir um den Hals fällt von allein,
und sagt: Die liebste Mami,
die ist mein !

Mutter - Verse -2-

Mutter,was sagt dieses Wort !
Es ist Geborgenheit und Hort !
Es ist Schutz, Verständnis,Liebe,
es ist Verzicht, auch Strenge, Güte.
Oh glücklich Kind, das früh genug begreift,
daß Mutter stets auch Freude heißt !
So lang Du lebst,
 will ich mich dankbar zeigen,
daß nicht am Grab,
 ich muß um mein Versäumnis weinen .

Mutter - Verse -3-

Mutter, liebste Mutter mein,
laß mich Dir recht dankbar sein.
Hast so vieles mir gegeben,
warst Trost und Zuflucht mir im Leben.
So gebe Gott, daß es noch lang so ist
und Du gesund und weise
in Deinem Familienkreise
unser Allerliebstes bist !

Herbst

Regen rinnt vom Himmel nieder,
graue Wolken weit und breit.
Man hört nicht mehr der Vögel Lieder,
der Wald hüllt sich in Nebel ein.
Man riecht den Schnee und spürt die Kälte,
bald hat die Welt ein weißes Kleid.
Der Winter ist nicht weit !

Winter

Edelsteine glitzern hell
auf der Auen weißer Pracht.
Sie tanzen,hüpfen silberhell,
was doch die Sonne alles macht.
Winter,schöne Winterzeit,
hüllst alles in ein weißes Kleid.
Ob Garten, Wiese oder Baum,
alles ist ein weißer Traum.
Wie ein Märchen ist die Welt,
wird sie von der Sonn' erhellt.

Weihnachten -1-

Hörst Du die Weihnachtsglocken klingen ?
Siehst Du das Licht auf dieser Welt ?
Es will den Menschen Frieden bringen,
ein Licht, das unser Herz erhellt.
Jedes Jahr um diese Zeit,
bemüh'n sich Engel weit und breit,
den Menschen zu erweichen.
Sie bringen Wärme, Kraft und Liebe
und ernten immer wieder Hiebe.
Die Menschen sind erstarrt und stumm,
geh'n mit verbund'nen Augen
in dieser schönen Welt herum.
man kann es fast nicht glauben.
Öffnet das Herz, laßt Liebe rein,
der Kerzen heller Lichterschein,
er kann uns so erwärmen.

Öffnet die Augen,blickt froh in die Welt,
fühlt mit den Menschen, denkt nicht nur an Geld.
Laßt das Werk der Engel Segen bringen,
helft mit die Herzen zu erringen,
es kann Euch große Freude bringen.
Dann hört auch Ihr und seid nicht bang,
der Glocken heller Klang
und seht, was vielen bleibt verborgen,
das helle Licht,
das Hoffnung bringt für " Morgen " !

Weihnachten -2-

Nun naht sich wieder von der Fern,
der große, helle Weihnachtsstern.
Er bringt das Licht in diese Welt,
das Menschenherz es wird erhellt.
Friede kehret ein auf Erden,
und läßt die Menschen glücklich werden.
Gottes Sohn ist uns geboren,
wir wissen, es ist nichts verloren.

———-

Ein Stern vom Himmel fällt,
er kündet an die neue Welt,
er will den Menschen Frieden bringen,
ob es ihm wohl wird gelingen ?

Weihnachten -3-

Weihnachtszeit, du stille Zeit,
was hat dich so geschunden ?
All der Krach, das Marktgeschrei,
es schlägt dir tiefe Wunden.
Vergessen ist, daß Jesus Christ -
für uns einst ist gekommen,
um Liebe, Licht und Menschlichkeit
und Frieden uns zu bringen.
Hell sollt' es werden, warm und klar,
bei Allen, nicht nur bei den Frommen !
Wer daran denkt und Liebe schenkt,
dem ist noch nichts verloren.
So macht Euch frei und denkt daran;
Weihnachten wird nicht im Kopf -
sondern im Herz geboren !!

Weihnachten -4-(Satire)

Weihnachten ist wieder da,
Geschäftsleut freuen sich , hurra !
Jetzt will man wieder Freude bringen,
einmal im Jahr wird's doch gelingen.
So rennt man los und kauft fest ein,
man will ja nicht der Letzte sein.
Denkt man das ganze Jahr nicht d'ran,
doch an Weihnacht gibt's den Liebeswahn.
Da wird die Freude eingeimpft,
den Rest des Jahres wird geschimpft.
Ja, Weihnachten wird oft verkannt,
ein Fest der Liebe wird's genannt,
doch zum Konsum wurd' es verbannt.

Und nur, wer rechtzeitig d'ran denkt,
an Weihnachten auch Liebe schenkt,
den Reichtum nicht am Gelde mißt,
der weiß, wie Weihnachten entstanden ist:

Das Christuskind ist uns geboren
und wir sind heut noch auserkoren,
ihm zu dienen jederzeit,
mit Demut, Liebe, Fröhlichkeit !

Weihnachten -5- (Satire)

Es ist so weit, man glaubt es kaum,
schon wieder gibt's 'nen Weihnachtsbaum.
Geschenke viel, oder auch wenig,
mit Lieb' verpackt, oder auch nicht.
Was soll's, der Kaufwütige ist König,
und nur der Umsatz fällt stets in's Gewicht.
Bei aller Hetze, Hast und Eil',
hör doch mal zu und still verweil.
Warum wird denn der Mensch beschenkt,
die Räum' mit Glimmer voll gehängt ?
Es ist zum Jubel dieser Nacht,
die uns die Erlösung hat gebracht.
Gottes Sohn kam einst auf Erden,
um ein kleiner Mensch zu werden.
Und um uns'rer Sünden willen,
uns zu befrei'n aus aller Not,
scheute Er nicht mal den Tod !
Ist das nicht Freude - Grund genug -
aus tiefstem Herzen anzustimmen -
ein Jubellied als wahrer Christ -
" Wie schön, daß wieder Weihnacht ist."

Weihnachten -6-

Weihnachszeit, oh Weihnachtszeit,
du sollst den Frieden bringen.
Kerzenlicht mit hellem Schein,
frohe Lieder klingen.
Wie sieht es aus im Herzen Dein?,
zieht wirklich Frieden ein ??
Laß das Rennen, laß das Laufen,
denk nicht nur an Geschenke kaufen.
Nicht an den Gaben soll man' messen,
den wahren Sinn dabei vergessen.
Allein im Herzen findet statt,
was Weihnachten zu geben hat:
Kinderaugen, leuchtend klar,
Wärme, Liebe immerdar,
Licht und Freude, wo Du bist,
-Es ist der Geburtstag Jesu Christ - !
In jedem Mensch, ob groß, ob klein,
soll der Geburtsort Jesus Christus sein.

Neujahr -1-

Das alte Jahr liegt nun im Sterben,
das “Neue” steht schon vor der Tür,
bereit, das Werk nun zu vollenden,
was Dir nicht mehr gewähret ist.
So geht es jeweils Hand in Hand,
das Neue kam, das Alte schwand.
Der Kreislauf, der ist stets der Alte,
veränderlich ist nur der Mensch.
Was war, das laß geschehen sein,
was ist, das soll nun werden.
Vergangenes das laß nun sterben,
mach Dich bereit zu neuem Glück.
Denn nun soll alles besser werden,
im nächsten Jahr schau dann zurück.
Kannst Du dann sagen: “Es war gut”,
fang wieder an, mit neuem Mut !

Neujahr -2-

Das alte Jahr neigt schon sein Haupt,
es geht dem Ende zu.
Was hat es alles uns gebracht,
betrachten wir es mal in Ruh'.
Sind wir gesund und munter noch,
leben alle, die wir lieben?
Hat Gram und Schmerz uns stumm gemacht,
oder sind wir froh geblieben?
Haben And're nicht umsonst gefleht,
haben Hilfe wir geboten?
So vieles hat das Jahr gebracht,
auch Kummer und viel Sorgen.
Doch fühlen wir in schönen Stunden
uns nicht doch geborgen?
Freud' und Leid, es soll so bleiben,
muß stets im Gleichklang steh'n.
Wenn wir es so betrachten,
war dieses Jahr bestimmt auch schön.
So können wir mit frohem Herzen,
dem neuen Jahr entgegenseh'n.
Es wird mit Gottvertauen,
auch diesmal seine rechten Wege geh'n !